Anonymous

Der Schlosser

ein Singspiel in einem Aufzuge aus dem Französischen übersetzt mit Musik

Anonymous

Der Schlosser
ein Singspiel in einem Aufzuge aus dem Französischen übersetzt mit Musik

ISBN/EAN: 9783744702010

Hergestellt in Europa, USA, Kanada, Australien, Japan

Cover: Foto ©Thomas Meinert / pixelio.de

Weitere Bücher finden Sie auf **www.hansebooks.com**

DER

SCHLOSSER: EIN

SINGSPIEL IN

EINEM AUFZUGE

AUS DEM...

Der
Schlosser
ein
Singspiel
in
einem Aufzuge
auß dem Französischen übersetzt

mit Musik von

Frankfurt am Mayn
mit Andreäischen Schriften
1 7 7 2

Der Schlosser

ein

Singspiel

in

einem Aufzuge.

Personen.

Tobias, ein Schlosser. - Herr Marchand.

Anne, Frau des Tobias. - Mad. Marchand.

Hannchen, Nichte des Tobias
   und unter seiner Vormund-
   schaft. - - - - - - Mad. Brochard.

Peter, Hannchens Liebster. Herr Hartig.

Wilhelm, ein Schlosserge-
   sell. - - - - - - Herr Hellmuth.

Verschiedene Nachbarn und
   Nachbarinnen.

Der Schauplatz ist auf dem Dorfe, hinten
im Garten an dem Hause des Tobias.

Erster Auftritt.

Peter, Zannchen.

Arie.

Duo.

Zannchen.

Peter, ich sage dirs, laß mich gehn,
Nein, nein, es wird nicht geschehn,
Statt dich anzuhören,
Werd ich gewiß mich wehren.

Peter, ich sage dirs, laß mich gehn, ꝛc.

Peter.

Willst du mir dieß versagen?
Sieh, wie es mich betrübt.
Hab ich, nur mich zu plagen,
Dich treu geliebt?
Willst du mir dieß versagen?
Soll unser Band denn nicht mehr bestehn?
Soll ich dich mir zuwider sehn?

Beide.

Hann- ⎧ Peter, ich sage dirs, laß mich gehn,
chen. ⎩ Nein, nein, es wird nicht geschehn.

Pe- ⎧ Soll unser Band denn nicht mehr
ter. ⎨   bestehn?
      ⎩ Soll ich dich mir zuwider sehn?

Peter.

Mein liebes Hannchen, warum bist du mir
so zuwider? du weißt, wie sehr ich dich liebe.
Deine Muhme willigt in unsere Heyrath; dein
Oheim Tobias ist der einzige, der sich unserer
Ehe widersetzt, und dieß geschieht nur wegen
deinem Heyrathsgute, welches er in Händen
hat und welches er ausbezahlen müßte. Und
übrigens ist er so eifersüchtig gegen seine Frau,

daß

daß er sich vor allen Mannsleuten fürchtet und sie für Liebhaber hält. Ich darf nur verstohlenerweise hieher kommen. Weil dich nun dein Großvater in sein Haus nehmen will, warum lässest du eine so günstige Gelegenheit fahren?

Hannchen.

Aber warum soll ich Mannskleider anziehen?

Peter.

Um die Wachsamkeit deines Oheims zu hintergehen und ihn zu verhindern, daß er dich nicht erkenne, wenn er dich aus dem Hause gehen sähe.

Hannchen.

Ich will herzlich gern in dem Hause meines Großvaters einen Schutzort wählen ; denn wenn ich meine Zuflucht dahin nehme, so folge ich der Neigung meines Herzens, ohne daß man etwas darüber zu meinem Nachtheile sagen kann. Aber ich werde immer dawider seyn, mich als ein Mannsbild anzukleiden.

Peter.

Du würdest also ganz anders denken, als andere Mädchen.

A 4   Arie.

Arie.

Ists doch keine Sünde,
Wenn ich wirklich finde,
Daß einem schönen Kinde
Ein Mannskleid ganz vortrefflich stünde.
Gewisse Reize werden entdeckt,
Der schönste Wuchs bleibt nicht mehr ver-
stecft,
Feine Waden, ein niedliches Füßchen,
Das, wenn es drückt,
Entzückt.
Im kurzen Kleide schwindet der Zwang,
Die Schöne fühlet freyeren Gang,
Feine Waden, ein niedliches Füßchen,
Das, wenn es drückt,
Entzückt.

Alles muß an dir gefallen,
Doch dieß macht vor allen,
Dich noch schöner,
Angesehner;

Fürchte

Fürchte dich nicht,
Unsre Kleider stehn den Schönen,
Die sich leicht daran gewöhnen,
Gut zu Gesicht.

Ists doch keine Sünde, ꝛc.

Zweyter Auftritt.

Peter, Hannchen, Anne.

Anne, kömmt eilends herbey.

Ach! meine Kinder, indem ihr ruhig hier
steht, gehn wohl andere Dinge vor!

Hannchen.

Nun, was denn, liebe Muhme?

Anne.

Dein Oheim — Ach! — ich bin ganz ausser
Athem. Dein Oheim —

Peter.

Weiß er, daß ich hier bin?

Anne.

Ach! das ist es nicht, wahrhaftig nicht.
Dieses Gebäude ist durch unsern ganzen Garten

A 5   von

von dem Hauſe abgeſondert, und ich bin
gewiß verſichert, daß er nicht hieher kommen
wird. Aber, er will dich verheyrathen,
Hannchen.

Hannchen.

Und mit wem denn, liebe Muhme?

Anne.

Mit dem alten Pachter, Hanns.

Peter.

Werdet ihr dieſes leiden?

Anne.

Ich es leiden! ach! mein Seele! du kenneſt
mich nicht. Ich weiß ſeine Abſicht wohl.
Hannchen hat tauſend Thaler Heyrathsgut,
Hanns iſt reich; Tobias hat das Geld lieb.
Durch dieſe Heyrath würde er die tauſend
Thaler behalten, ſo lang er wollte; aber
auſſerdem daß fremdes Gut niemals Segen
bringt, ſo gefällt mir dieſe Heyrath gar nicht.
Ich habe mir es einmal in den Kopf geſetzet,
daß es nicht ſeyn ſoll und, ſo wahr ich lebe,
es ſoll auch nicht ſeyn. Ich habe zu befehlen,
und ich würde meines Mannes Willen nicht
thun.

thun, wenn hundert tausend Thaler dabey zu gewinnen wären.

Hannchen.

Ach! liebe Muhme, verlasset uns nicht.

Anne.

Genug, daß ich sage, es ist alles gut, es ist alles richtig. Ich gehe nicht davon ab. Liebet einander, ich will es so haben. Ich will euch verheyrathen, auf mein Wort. Seyd nur ruhig. Komm du immer hieher, Peter.

Peter.

Ich fürchte jeden Augenblick, Meister Tobias möchte mich überraschen. Er ist so eifersüchtig!

Anne.

Das ist wohl wahr. Sein mürrisches Wesen macht, daß mich die Lust zur Rache oft schrecklich juckt. Es ist ein grosses Glück für ihn, daß ich eine ehrliche Frau bin; denn sonst würde er, mein Seele! mit der blossen Furcht nicht davon kommen.

Peter.

Nu, aber, liebe Muhme, ihr bringt mich
auf

auf einen Einfall. Wir könnten uns seine Narrheit zu Nutze machen.

Anne.

Nu! wie denn das?

Peter.

Ich dürfte mich nur stellen, als wenn ich in euch verliebt wäre, und ihr müßtet ebenfalls dergleichen thun, als liebtet ihr mich. Dann wird euer Mann glauben, daß wir uns mit einander verstünden und mich geschwind mit Hannchen verheyrathen, um mich los zu werden.

Hannchen.

Ohne Zweifel.

Anne.

Dergleichen List mag ich nicht haben.

Arie.

Trio.

Hannchen und Peter.

So suchet doch, uns zu befreyen,

Anne.

Ich kann nichts machen mit euch zweyen.

Hanns

Hannchen.

Ihr könnt es machen mit uns zweyen.

Anne.

Ich habe seinen Zorn zu scheuen.

Peter.

Ihr könnt es machen mit uns zweyen.

Anne.

Ich habe seinen Zorn zu scheuen.

Hannchen.

Was fürchtet ihr?

Anne.

Er zankt mit mir.

Peter.

Was fürchtet ihr?

Anne.

Er zankt mit mir.

Alle.

Anne. { Ich habe seinen Zorn zu scheuen,
{ Und es wird mich gewiß gereuen.

Hannchen { Was fürchtet ihr, uns zu er-
und { freuen?

Peter. { So suchet doch uns zu befreyen.

Hann-

Hannchen und Peter.

So ſuchet doch uns zu befreyen.

Anne.

Ach! es wird mich gewiß gereuen.

Alle.

Hannchen und Peter. ⎧ So ſuchet doch uns zu
⎨ befreyen.
Anne. ⎩ Ach! es wird mich ge-
⎰ wiß gereuen.

Anne.

Und glaubt er nun,

Daß Peter mich liebe,

Hannchen und Peter.

Und, glaubt er nun,

Daß ich dich liebe,

Hannchen.

Was wird er denn thun?

Je, da macht er fort,

Hannchen und Peter.

Hannchen. ⎧ Und er giebt ſein Wort
⎩ Dem, den ich liebe.

Peter. ⎧ Und er giebt ſein Wort
⎩ Der, die ich liebe.

Anne.

Anne.

Und glaubt er nun,
Daß Peter mich liebe.

Hannchen und Peter.

Und glaubt er nun,
Daß ich dich liebe,
Was wird er denn thun?

Alle.

Anne. { Glaubt auf mein Wort,
       { Da setzt es Liebe über Liebe.

Hannchen. { Je, da macht er fort,
          { Und er giebt sein Wort
          { Dem, den ich liebe.

Peter. { Je, da macht er fort,
        { Und er giebt sein Wort
        { Der, die ich liebe.

Hannchen und Peter.

So suchet doch uns zu befreyen.

Alle.

Anne.   Ach! es wird mich gewiß
                gereuen.

Hannchen und Peter. So suchet doch uns zu
                befreyen.

Anne.

Anne.

Laßt mich ruhig; mein Seele! ihr machet
mich ungedultig. Ich fürchte, Tobias möchte
vermuthen, daß wir hier ſind, wenn er mich
nicht in dem Hauſe findet. Sein Geſell, der
Wilhelm, bewachet uns immer. Geh fort.
Nein. Bleib hier, ich will indeſſen gehen und
ſehen, was vorgeht, damit Peter hinauskom=
men könne, ohne geſehen zu werden.

(Anne geht ab.)

Dritter Auftritt.

Peter, Hannchen.

Peter.

Die gute Muhme! Warum muß ſie doch ei=
nen ſo lächerlichen Mann haben?

Hannchen.

Ach! Peter, die Mannsleute ſind recht böſe
Leute.

Peter.

O! nicht alle, mein liebes Hannchen, nicht
alle. Es giebt gute und böſe.

Hanns

Hannchen.

Wirst du deinem Oheim auch gleichen, du?
Wirst du auch so eifersüchtig seyn, wie er?

Peter.

Warum sollte ich es seyn? Es hat dich ja
niemand dazu gezwungen, mich zu lieben. Du
hast mir gesagt, daß ich dir gefiele. Ich habe
dir es aufrichtig geglaubt und daran halte ich
mich. Aber du versprichst mir auch, mich immer zu lieben?

Hannchen.

O! immer. Du wirst niemals Ursache haben, daran zu zweifeln.

Arie.

Die Treue, so mein Herz beseelet,
Macht es von aller Falschheit frey.
Peter, ja, sey selbst ungetreu,
Reiß unser vestes Band entzwey,
Doch sieh, ob ich dann dir ähnlich sey.
Nein, Peter, nein,
Nein, dieses Herz, das dich erwählet,
Macht dir kein Leichtsinn ungetreu.

B   Wird

Wird mein Ohr in den Gesträuchen
Von der Vögel Chor erfüllt,
So singt unsrer Liebe Bild
Aus ihren Kehlen auf den Zweigen.
Zärtlich zu seyn, welche Lust!
Sieh, ihr Gesang preißt die Liebe,
Und es erfüllt mit gleichem Triebe
Ihre Neigung meine Brust.

Die Treue, so mein Herz beseelet,
Macht es von aller Falschheit frey.
Peter, ja, sey selbst ungetreu,
Reiß unser vestes Band entzwey,
Doch sieh, ob ich dann dir ähnlich sey.
Nein, Peter, nein,
Nein, dieses Herz, das dich erwählet,
Macht dir kein Leichtsinn ungetreu.

Peter.
Du machest mir immer grössere Freude.

Vierter

Vierter Auftritt.

Anne, Peter, Hannchen.

Anne, zu Hannchen.

Ich habe deinen Oheim nicht gefunden und
indeſſen iſt er doch nicht ausgegangen; er
muß ſich irgendwo verſtecket haben. Es mag
nun ſo ſeyn, oder nicht, ſo geh nur immer fort,
Peter, geh geſchwind fort, damit er dich nicht
etwa ertappe.

Fünfter Auftritt.

Tobias, Anne.

Tobias, kömm' herbey.

Ho! dießmal habe ich ihn geſehen. Nu!
meine ſüſſe Helfte, ſage nun, daß er es nicht
iſt, daß ich träume, und daß die Liebhaber
nicht deintwegen hieher kommen.

Anne.

Geh, du biſt ein Narr.

Tobias.

Tobias.

Ja, ja, ich bin einer, daß ich dich nicht besser
in der Zucht halte, wie ich sollte. Ach! man
hatte wohl Recht, da man mir in der Schule
sagte: Furens quid femina possit?

Anne.

Ach! nun sey uns Gott gnädig! mein Mann
ist gar ein Lateiner geworden.

Tobias.

Und du bist verteufelt kauderwälsch geworden, du.

Arie.

Wenn mich armen Mann bald Schlag,
        bald Stoß,
Auf meinen Amboß bücket,
Wenn mich Last, Schweiß und Hitze
        drücket,
So ist indeß der Teufel los.
Mein Weib zankt, schmälet,
Sie schilt, schreyt, quälet,
Sie trotzt meinem Zorn
Und giebt mir manches Horn,

Dabey

Dabey schilt sie mich Säufer,
Sie buhlt, sie herzt,
Sie küßt, sie scherzt,
Und weckt in mir gerechten Eifer.

(Zur Anne.)

Glaubst du von mir,
Ich würde immer schweigen,
Ja, nur Gedult, ich werde dir
Bald etwas anders zeigen.

Wenn mich armen Mann bald Schlag,
              bald Stoß, ꝛc.

Du lachest noch?

Anne.

Ey! warlich ja wohl! wer kann sich denn des Lachens e· ʒhalten?

Tobias.

Nimm dich in Acht, meine Frau Anne, nimm dich in Acht. Ich bin zahm, wie ein Lamm; aber wenn ich anfange und man macht mir den Kopf warm, so bin ich härter, als ein zwanzigpfündiger Hammer. Dein Peter kömmt immer wieder hieher. Es wird ihn gereuen,

B 3   es

es wird nicht gut ablaufen; ich sage dir es zum
voraus, es wird kein gutes Ende nehmen.

Anne.

Zum Henker auch! mache du selber einmal
ein Ende.   Ist es nicht eine Schande für einen
Bauer, daß er um ein Nichts eifersüchtig wird,
da es doch so viele vornehme Herren um wirk-
liche Dinge nicht werden?   Geh, verheyrathe
deine Nichte, und alsdann werden die Liebhaber nicht mehr in dein Haus kommen.

Tobias.

So sprichst du immer; aber mir macht man
nichts weis.   Ich weiß, woran ich mich zu
halten habe.   Hannchen soll verheyrathet werden, wenn ich will; aber so bald noch nicht.
Ich habe Ursachen, länger zu warten.

Anne.

Ja, dein Geitz, der sich nicht dazu entschliessen
kann, ihr ihr Heyrathsgut herauszugeben.

Tobias.

Halt dein Maul, Lästerzunge.

Anne.

Ich versichere dich, daß Peter so lange hieher

her kommen wird, bis Hannchen verheyrathet ist.

Tobias.

Er soll nur kommen. Ich versichere dich,
daß — Laß ihn nur machen — er soll daran
gedenken.

Anne.

Wir wollen sehen.

Tobias.

Seht nur einmal an, ob dieß Teufelsweib
nicht immer das letzte Wort gegen mich behalten wird.

A r i e.

D u o.

Tobias.

Mord! Blitz! jetzt geht erst der Lärm
recht an.

Anne.

Fang keinen solchen Lärm hier an.

Beide.

Anne. {Fang hier nichts an.
　　　{O! Himmel! o! Himmel!

　　　　Tobias.

Tobias. { Ich ſchlag ihn, daß er nicht ſtehen
kann,
Dieſen Lümmel, dieſen Lümmel.

Anne.

Er will ja Hannchen nehmen.

Tobias.

Wie ſchlau! Du ſollteſt dich ſchämen.

Anne.

Laß ihn doch Hannchen nehmen.

Tobias.

Wie ſchlau! Du ſollteſt dich ſchämen.

Beide.

Anne.   Die Laſt wird dir ja weggethan,
Tobias. Du führeſt mich gewiß nicht an.

Tobias.

Mord! Blitz! jetzt geht erſt der Lärm
recht an.

Anne.

Fang keinen ſolchen Lärm hier an.

Beide.

Anne. { Fang hier nichts an,
Fang keinen ſolchen Lärm hier an.

Tobias.

Tobias. $\left\{ \begin{array}{l} \text{Mord! Blitz! jetzt geht erſt der} \\ \qquad\text{Lärm recht an.} \\ \text{Du führeſt mich gewiß nicht an.} \end{array} \right.$

Anne.
Ich muß ihr Unglück theilen.
Tobias.
Ha! du fängſt an zu heulen.
Beide.

Anne. $\left\{ \begin{array}{l} \text{Ich muß ihr Unglück theilen.} \\ \text{Was hat dich nur gebracht} \\ \text{Auf den Verdacht,} \\ \text{Mich Arme ſo zu drücken?} \end{array} \right.$

Tobias. $\left\{ \begin{array}{l} \text{Ha! du fängſt an zu heulen.} \\ \text{Nein, nein, nein, nichts hat mich} \\ \qquad\text{gebracht} \\ \text{Auf den Verdacht.} \\ \text{Läßt er ſich vor mir nur erſt bli-} \\ \qquad\text{cken} \dots \dots \end{array} \right.$

Tobias.
Mord! Blitz! jetzt geht erſt der Lärm
recht an, ꝛc.

B 5　　　　　　Sechster

Sechster Auftritt.

Tobias, allein.

O! Sturm, Wetter, Hagel, Hölle, Teufel, nichts ist ärger. So geht es doch in der Ehe! Heyrathet man eine häßliche, so ekelt einem selbst vor ihr; vernarrt man sich in eine schöne, so laufen ihr alle Liebhaber nach, und man kann sie nicht mehr allein geniessen. O! ja.

Arie.

Nimmt man sich ein schönes Weib,
Ladet man sich die Last auf den Rücken.
Der Teufel hole den Zeitvertreib,
Ich möchte vor Zorn ersticken.

Täglich werd ich es gewahr,
Doch, es wird nicht offenbar,
Niemand will mich beklagen,
Doch ich fühle selbst die Plagen,
Und ich sage immerdar:

Nimmt

Nimmt man sich ein schönes Weib,
Ladet man sich die Last auf den Rücken.
Der Teufel hole den Zeitvertreib,
Ich möchte vor Zorn ersticken.

Laßt die Schönen euch nicht verblenden,
Sind wir einmal in ihren Händen,
Wenn uns die Reihe der Männer trift,
Da wird sich das Blättchen wenden,
Da wird die Freude uns zu Gift.
Denn:

Nimmt man sich ein schönes Weib, ꝛc.
Fällt mir der Spitzbube, der Peter, unter meine
Klauen, o! der Henker hole mich, dem will ich
ein rechtes versetzen, und ich will es so fein an=
stellen, daß mein listiges Weib kein Mittel mehr
finden kann, es zu läugnen; dafür stehe ich.
Hier ist der Ort ihrer heimlichen Zusammen=
künfte. Ich muß die Falle vollends fertig ma=
chen, in welcher ich sie fangen will. (Er ruft:)
Hey! Wilhelm! Sie vermuthen wohl nicht,
was ich für sie bereite. Wilhelm!

Siebens

Siebenter Auftritt.

Tobias, Wilhelm, mit einem groſſen Stücke Brod, wovon er iſt.

Wilhelm.

Was giebt es, Meiſter?

Tobias.

Thu dein Brod weg und gieb mir das Schloß mit der Falle, welches wir geſtern früh gemacht haben.

Wilhelm, iſt immer fort.

Was wollt ihr damit machen?

Tobias.

Thu dein Brod weg. Zum Teufel, du wirſt es ſchon ſehen. Hole Nägel und deinen Hammer. Dieſe Falle muß an die kleine Thüre im Stüb‐ chen nach dem Garten zu angemacht werden. Kömmt jemand hinein, ſo ſoll er mein Seele! nicht herauskommen, bis ich ihn herausziehe.

Wilhelm.

Ihr habt alſo jemand, den ihr darinn fangen wollt?

Tobias.

Tobias.

Rede nicht so laut. Es ist der Peter und meine Frau, die öfters miteinander hieher kommen. Ich habe Verdacht, und durch dieses Mittel werde ich sehen, was sie darinn machen. Nicht wahr, dieß ist ein guter Einfall?

Wilhelm.

Wahrhaftig, Meister, ich bin nur ein dummes Vieh. Aber, nehmt mirs nicht übel, ihr müßt es besser verstehen, aber ich glaube, daß ich an eurer Stelle nicht so neugierig seyn würde.

Tobias.

Ich will sie darinn fangen, Wilhelm.

Wilhelm.

Und wenn sie nicht hineingehen?

Tobias.

Sie gehen gewiß hinein, sage ich dir, sie gehen gewiß hinein.

Wilhelm.

Und wenn sie darinn sind?

Tobias.

Alsdann habe ich sie ja.

Wilhelm.

Wilhelm.

Und wenn ihr sie habt, was wollt ihr mit
ihnen anfangen?

Tobias.

Ich werde schon wissen, wie ich mich zu ver=
halten habe, und sie werden sehen, daß ich kein
Narr bin.

Wilhelm.

Das heißt sie hübsch erwischen, das.

Tobias.

Hurtig, hurtig, geschwind, bist du fertig?
Wir wollen anfangen.

Wilhelm.

Wenn ihr wollet.

A r i e.

Duo.

Beide.

Macht fort, macht fort, da wir uns eilen
müssen,

Schlagt zu, schlagt zu, laßt es uns nicht
verdrüssen.

(Sie

(Sie fangen an zu schlagen.)

Macht nur fort,

Schlagt zu, laßt es uns nicht verdrüssen,

Schlagt tapfer fort,

(Sie hören auf zu arbeiten.)

Denn dieser Ort

Soll alle verschliessen,

Die herzugehn

Sich unterstehn.

Macht fort, macht fort, da wir uns eilen

müssen,

Schlagt zu, schlagt zu, laßt es uns nicht

verdrüssen.

(Hier erscheint Anne, welche sie betrachtet,
ohne daß sie gesehen wird.)

Tobias.

Es wird mich freuen,

Ha! ich lache schon,

Mit Spott und Hohn

Sehen sie den Lohn

Für ihre Schelmereyen.

(Anne schleicht fort und beißt sich auf den
Finger.)

Beide.

Beide.

Macht fort, macht fort, da wir uns eilen
            müſſen,
Schlagt zu, ſchlagt zu, laßt es uns nicht
            verdrüſſen.

(Sie fangen an zu ſchlagen.)

Macht nur fort,
Schlagt zu, laßt es uns nicht verdrüſſen.
Schlagt tapfer fort,

(Sie hören auf zu arbeiten.)

Denn dieſer Ort
Soll alle verſchlieſſen,
Die herzugehn
Sich unterſtehn.

(Sie fangen wieder an zu ſchlagen.)

Macht fort, macht fort, da wir uns eilen
            müſſen,
Schlagt zu, ſchlagt zu, laßt es uns nicht
            verdrüſſen.

Tobias.

Nun iſt es gerade zu rechter Zeit fertig ; itzt
wollen wir es probiren.   Gut, das geht vor‐
trefflich.   Halt veſt, ich will die Schnur holen,
                                    die

die an der andern Seite angemacht ist, um sie hier anzubinden. (Er geht in das Stübchen und sagt im Herausgehen.) Alles ist wohl eingerichtet. Wir wollen die Thüre zumachen. Geh in den Bogengang, Wilhelm. Was suchest du?

Wilhelm.

Mein Brod.

Tobias.

Du redest nur immer von deinem Brode. Hier liegt es auf dem Ambosse. Nun, höre mich an. Geh in den Bogengang und laß dich nicht sehen. Komm nicht eher, bis ich dich rufe. Ich will in der Gegend herum Wache halten. (Wilhelm geht ab.) Ich höre jemand, ich will fortschleichen. Dieß ist der Liebhaber. Es kömmt doch alles wie gerufen.

(Tobias geht ab.)

C   Achter

Achter Auftritt.

Peter, Anne.

Peter.

Arie.

Wie doch das Warten die Liebenden
　　　quälet!
Ein treues Herze zählet
Jeden Augenblick.
Wie doch das Warten die Liebenden
　　　quälet!
Wenn mir mein liebes Hannchen fehlet,
So fehlt mein größtes Glück.

Wie doch das Warten die Liebenden
　　　quälet!
Ein treues Herze zählet
Jeden Augenblick.

Sie sucht mir zu entfliehen,
Geht meinen Rath nicht ein,

　　　　　　　　　Sie

Sie will ihn nicht vollziehen,
Ach! umſonſt iſt mein Bemühen,
Es iſt umſonſt; nie ſoll ich glücklich ſeyn.

Wie doch das Warten die Liebenden
quälet! ꝛc.

Anne.

Wie! du biſt es, Peter? Geh, Tobias
lauret auf dich.

Peter.

Meine liebe Frau Anne, ich muß —

Anne.

Du mußt fortgehen.

Peter.

Aber —

Anne.

Nu! wie! was aber? —

Peter.

Ich darf es euch nicht ſagen, Frau Anne.

Anne.

Allem Anſehen nach iſt es ein dummer Streich.
Aber ich will es auf der Stelle wiſſen, oder komm
mir mit keinem Fuſſe mehr über die Schwelle.

C 2 Peter.

Peter.

Je nu! Ich will es euch denn nur ſagen. Ich habe Hannchen verleitet, zu ihrem Groß- vater zu kommen, welcher ſo gut ſeyn und ſich, euch zu Gefallen, unſerer Heyrath annehmen will, und hier bringe ich ihr dieſe Kleider, da- mit ſie aus dem Hauſe komme, ohne erkannt zu werden.

Anne.

Und ſie hat darein gewilliget, ohne mir ein Wort davon zu ſagen?

Peter.

Sie fürchtete, ihr möchtet es nicht haben wollen.

Anne.

Wahrhaftig, ſie hatte auch vollkommen Recht. Da haſt du ihr einen ſchönen Narrenſtreich an- gerathen.

Peter.

Weil es doch hohe Zeit iſt und wir keine an- dere Zuflucht haben.

Anne.

Sie muß hier bleiben.

Peter.

Peter.

Aber bedenkt doch, daß uns der gute Alte
erwartet; daß ihr es meiner Liebe versprochen
habt; daß es Eile hat; daß ich sie verliere, wenn
wir es länger anstehen lassen, und daß —

Anne.

Du bist ein unbesonnener Junge.

Peter.

Mein gutes Mühmchen, Frau Anne, meine
liebe Muhme!

Anne.

Ich will nicht.

Tobias, am Fenster.

Da ist mein Vogel bey ihr.   Ich will ihnen
doch zuhören.

A r i e.

T r i o.

A n n e.

Ich leid es nicht; dieß wäre schön.

P e t e r.

Ach! wollt ihr uns denn widerstehn?

C 3   Anne.

Anne.

Nein, nein, ich lasse euch nicht gehn.

Peter.

Ach! ach! ach! ach!

Anne.

Nein, nein, nein, nein.

Peter.

Ach! lasset uns doch beide gehn.

Anne.

Nein, nein, ich lasse euch nicht gehn.

Peter.

Ach! wollt ihr uns denn widerstehn?

Anne.

Nein, nein, nein, es soll nicht geschehn.

Tobias, am Fenster.

Nun kann er mir nicht mehr entgehn.

Ich hab den Siegel selbst gesehn.

Er kann mir nicht entgehn.

Peter.

Ach! wollt ihr uns denn widerstehn?

Anne.

Ich leid es nicht, dieß wäre schön.

Anne.

Anne und Peter.

Anne. { Nein, nein, ich lasse euch nicht gehn,
{ Ich leid es nicht, dieß wäre schön.

Peter. { Ach! lasset uns doch beide gehn,
{ Ach! wollt ihr uns denn wider=
{ stehn?

Alle Drey.

Anne. { Nein, nein, ich lasse euch nicht gehn,
{ Ich leid es nicht, dieß wäre schön.

Peter. { Ach! lasset uns doch beide gehn,
{ Ach! wollt ihr uns denn wider=
{ stehn?

Tobias. { Ich hab den Siegel selbst gesehn,
{ Er kann mir nicht entgehn.

Tobias.

Peter ist hier, nun geht es gut,
Still, still, laßt sehen, was er thut.

Peter und Anne.

Peter. { Laßt euch bewegen,
{ Noch verschwiegen zu seyn.

C 4   Anne.

Anne.   {Ich bin dagegen,
             {Das Ding iſt nichts, nein, nein.

             Alle Drey.

Peter.   {Laßt euch bewegen,
             {Noch verſchwiegen zu ſeyn.

Anne.   {Ich bin dagegen,
             {Das Ding iſt nichts, nein, nein.

             {Was ſehe ich?
Tobias.   {Wie? ſie wehret ſich?
             {Doch nicht ſonderlich.

             Tobias.

Wenn ſie es nur nicht überlegen,
Und gehen hübſch hinein.

             Anne.

Ich leid es nicht, dieß wäre ſchön.

             Peter.

Ach! wollt ihr uns denn widerſtehn?

             Anne und Peter.

             {Ich leid es nicht, dieß wäre ſchön.
             {Nein, nein, ich laſſe euch nicht gehn.
Anne   {Nein, nein, nein, es ſoll nicht geſchehn.
             {Nein, nein, ich laſſe euch nicht gehn.

                            Peter.

Peter.

{
Ach! wollt ihr uns denn widerstehn?

Laßt uns doch beide gehn.

Ach! wollt ihr uns denn widerstehn?

Laßt uns doch beide gehn.
}

Alle Drey.

Anne.

{
Nein, nein, ich lasse euch nicht
gehn,

Nein, nein, nein, es soll nicht
geschehn,

Ich leid es nicht, dieß wäre schön.
}

Peter.

{
Ach! lasset uns doch beide gehn.

Ach! wollt ihr uns denn widerstehn?

Laßt uns doch beide gehn.
}

Tobias.

{
Nun kann er mir nicht mehr entgehn,

Ich hab den Siegel selbst gesehn,

Er kann mir nicht entgehn.
}

Peter.

Ihr habt mir doch so oft versprochen, alles
für mich zu thun.

E 5   Tobias,

Tobias, am Fenster.

Alles für ihn zu thun?   Das Rabenaas!

Anne.

Laß mich ruhig, sage ich dir, es ist vergebens.

Tobias.

Sie wehret sich.

Peter.

Es hilft nichts, wenn ihr euch noch so sehr weigert. Ich gehe nicht eher weg, bis ihr mir diesen Gefallen gethan habt, ich will euch lieber den ganzen Tag auf dem Fusse nachfolgen.

Tobias, zum Fenster heraus, mit heftigem Eifer.

O! der Spitzbube!   (Er geht vom Fenster weg.)

Peter.

Ich habe jemand gehöret.

Anne.

Es ist mein Mann.   Ich habe ihn an der Stimme erkannt.

Peter.

Wir wollen in dieses Stübchen gehen.

Anne.

Nein, komm nach dem Hause zu, das wird nicht verdächtig seyn. Uebrigens fällt mir etwas ein.

ein. Deine Kleider können mir einen Dienst leisten.

Peter.

Für Hannchen?

Anne.

Ja, für sie. Aber ich will mir es zu Nutze machen. Mein närrischer Mann belauschet mich schon seit heute frühe um dieses Stübchen herum. Er hat gewiß etwas vor. Wenn es das ist, was ich vermuthe, so will ich doch, daß er zum wenigsten einmal in seinem Leben mit einer langen Nase davon ziehe, die ihm seinen Gelbschnabel zeigt.

Peter.

Aber wird dieses unsere Heyrath nicht zurücksetzen?

Anne.

Sey nur ruhig. Du wirst zufrieden seyn und ich auch. Ich glaube, es kömmt jemand. Komm geschwind nach dem Hause zu.

Neun=

Neunter Auftritt.

Tobias, allein, sieht überall um sich herum.

Ich sehe niemand mehr. Sollten sie wohl schon gefangen seyn? Ich glaube es nicht. Das Glöckchen hat noch nicht geläutet. Ich will doch durch das Loch im Fensterladen schauen. (Er schaut.) Sie sind mir entwischt. Aber sie werden wieder kommen. Der Liebste hatte was unter dem Arme, das sie gewiß in das Haus getragen haben. Gehe ich hin, so schleichen sie fort, wie gewöhnlich. Sage ich nichts, so kommen sie wieder in den Garten und vielleicht in das Stübchen. Ich muß jemand zu meiner Hülfe auf die andere Seite stellen, mittlerweile ich hier bin. Hey! Wilhelm!

Zehnter Auftritt.

Tobias, Wilhelm.

Wilhelm, mit seinem Brode.

Was giebt es, Meister?

Tobias.

Was machst du noch mit dem Brode da?

Wil-

Wilhelm.

Je! das seht ihr ja wohl, ich esse.

Tobias.

Höre auf zu fressen. Zum Teufel, sie sind
gefangen.

Wilhelm, frißt immer hungrig fort, und spricht
ganz gelassen.

Ja?

Tobias.

Ich habe sie, Wilhelm.

Wilhelm, ißt immer fort.

Wen?

Tobias.

Sie.

Wilhelm, immer essend, mit einem bestürzten Tone.

Sie!

Tobias.

Ja, sie; meine Frau und ihren Liebsten.

Wilhelm, ißt.

Der Teufel!

Tobias.

Nun sieh einmal, war mein Einfall nicht gut?

Wilhelm, ißt immer fort.

Bautsch!

Tobias.

Tobias.

Je! du frißt immer; dieß hat nicht die größte Eile.

Wilhelm.

O! ja freylich, beym Teufel! denn ich verrecke vor Hunger.

Tobias.

Lauf geſchwind an das Ende des Gartens.

Wilhelm, will fortlaufen.

Ja, Meiſter, gleich.

Tobias.

Wo gehſt du hin?

Wilhelm.

Wo ihr es ſagt.

Tobias.

Was willſt du da thun?

Wilhelm.

Das weiß ich nicht.

Tobias.

Höre mich an, ſo wirſt du es erfahren.

Wilhelm.

Nu, ſo redet.

Tobias.

Tobias.

Lauf vor allen Dingen an das Ende des Gartens. Wenn du meine Frau mit einem Menschen herausgehen siehst, der ganz leise mit ihr spricht, so geh auf ihre Seite, um sie zu verscheuchen. Mache, daß du mir sie hieher treibst, verstehst du mich?

Wilhelm.

O! ja. Das heißt, mein Anstand ist im ebenen Felde, und eurer im Walde. Nicht wahr, Meister?

Tobias.

Mache nur, daß du mir das Wild hieher treibst und verliere keine Zeit.

Wilhelm.

Ich laufe schon hin.

Tobias.

Sie werden mir, der Henker hole mich, nicht entwischen. Meine Jagd wird gut ablaufen.

Arie.

Von einem rechten Jäger
Wird schon in dem Läger,

Dem

Dem Wilde nachgeſetzt.
Seine Flucht macht ihn nicht träger,
Wenn er es hetzt,
Und bald hat er es verletzt.

Umſonſt ſucht es auf verborgnen Wegen
Seinem Falle zu entgehn,
Hat er es geſehn,
So lacht er ſeiner Liſt und wirds erlegen,
Bald wird er mit dem Geſchütze vor ihm
                    ſtehn,
Dann iſts um es geſchehn.

Von einem rechten Jäger
Wird ſchon in dem Läger
Dem Wilde nachgeſetzt.
Seine Flucht macht ihn nicht träger,
Wenn er es hetzt,
Und bald hat er es verletzt.

Ich ſehe ſie; ſie nähern ſich. Hier kehren ſie
um. Sie gehen nach dem Stübchen zu. O!
dießmal habe ich ſie. Wilhelm hat ſeine Sache
                                            recht

recht gut gemacht, sie können nicht mehr weit von dem Stübchen seyn — Ich höre etwas sich regen — Nun sind sie gefangen, das Glöckchen hat geläutet. Wilhelm! welche Freude! Wilhelm!

Eilfter Auftritt.

Tobias,   Wilhelm.

Wilhelm.

Ihr seyd sehr lustig. Was habt ihr denn gesehen?

Tobias.

Du hast mir gedienet, wie ich es gewollt habe.

Wilhelm.

Ihr seyd also zufrieden?

Tobias.

Ja, ich verspreche dir ein Trinkgeld.

Wilhelm.

O! gebt mir es doch lieber gleich, denn ich verbrenne vor Durst.

D   Tobias.

Tobias.

Du ſollſt nichts dabey verlieren. Aber, geh zuvor und hole mir alle meine Nachbarn hieher.

Wilhelm.

Sollen ſie mit uns trinken?

Tobias.

Nein, nein. Sie ſollen Zeugen von meinem Triumphe ſeyn. Bring den Schäfer mit, den Fiſcher, Lucas den Weingärtner, Simon den Gärtner, das ganze Gericht, den Schulmeiſter, den Amtmann, den Amtsboten. Sage es dem ganzen Dorfe, ich erwarte dich hier.

Wilhelm.

Ich will gleich hinlaufen. (Er geht ab.)

Tobias.

Arie.

Nun iſt es geſchehen, nun iſt es geſchehen,
Seht, meine Falle beweißt zu ſehr,
Jeder muß es geſtehen,
Und ſie können nun nicht mehr
Mich hintergehen.

Es

Es wird noch heute
Dem ganzen Dorfe bekannt,
Und alle Nachbarsleute,
Die Wilhelm hergesandt,
Sehen meinen Sieg und ihre Schand.

Nun ist es geschehen, nun ist es geschehen,
Seht, meine Falle beweißt zu sehr,
Jeder muß es gestehen,
Und sie können nun nicht mehr
Mich hintergehen.

Zwölfter Auftritt.

Tobias, allein.

Ich möchte nur schon sehen, wie sie da stehen
werden, wenn sie alle die Leute erblicken, welche sie auslachen. Die Eifersucht bringt einen
doch auf gute Einfälle. Welche Freude für
mich, daß ich sie in der Falle gefangen habe.
Sie kommen noch nicht. Wie lange bleiben
sie doch aus! Ich vergehe vor Ungedult.
Ha ! da kommen sie.

D 2 Drey-

Dreyzehnter und letzter Auftritt.

Tobias, Wilhelm, verschiedene Nachbarn und Nachbarinnen.

A r i e.

C h o r.

Tobias.

Kommt, alle Nachbarn, kommt nur her=
ein,
Um hier Zeugen zu seyn,
Nachbarn, kommt, es anzuschauen,
Kommt, ihr Männer, kommt, ihr Frauen,
Kommt, sehet es mit an und sprecht:
Ist nicht mein Zorn gerecht?

C h o r.

Gevatter, nein, denn ihr habt nicht Recht,
Und euer Verdacht ist sehr schlecht.

Peter, bey Seite, im Hereingehen.

Seht die Zeugen,
Sie werden stumm,
Sie schweigen,
Und ich weiß wohl, warum.

Tobias.

Tobias.

Kommt näher her, kommt näher her.

(Indem er den Peter sieht.)

Was muß ich sehen? Wer hat den Kerl
herausgebracht?

Chor.

Nun werdet ihr recht ausgelacht.

Tobias.

Ich hab den Schlüssel in der Taschen,
Mein Schloß hat richtig zugemacht.

Peter.

Er wird sie überraschen,
Nehmt euch nur alle wohl in Acht.

(Hier macht Tobias die Thüre auf; Hannchen in
Mannskleidern und Anne kommen zu dem Stübchen
heraus.)

Peter.

Seht die Frau und die Nichte.

Chor.

Seht die Frau und die Nichte.

Tobias.

Wie? meine Frau und meine Nichte?
Ihr Bösewichte!

D 3   Mein

Mein Schloß hat richtig zugemacht,
Wer hat den Kerl herausgebracht?

Chor.

Seyd ihr aus eurem Traum erwacht?
Nun werdet ihr recht ausgelacht.

(Sie fangen alle an, heftig zu lachen.)

Tobias.

Aber ich weiß nicht, schlafe ich oder wache
ich? Wie kömmt es denn, daß sich Hannchen
hier in Mannskleidern befindet?

Anne.

Um dich auszulachen, eifersüchtiger Grobian!

Tobias.

Frau —

Anne, fällt ihm in die Rede.

Nun laß denn deine Einbildung fahren stel=
len. Bist du nun zufrieden? Hast du mei=
nen Liebsten gesehen?

Tobias.

Aber, Frau —

Anne, fällt ihm wieder in die Rede.

Und ihr, Nachbarn, die er als Zeugen sei=
ner dummen Streiche hat holen lassen, wünscht
ihm

ihm Glück, daß er dasjenige nicht ist, was
ein Narr, wie er, wegen allem dem Verdrusse,
den er mir verursachet, zu seyn verdiente.

Wilhelm.

Nu, wie stehts, Meister? Ihr steht ja ganz
betrübt da über etwas, das vielen andern grosse
Freude machen würde.

Tobias.

Aber, Peter, wegen wem kamest du denn
hieher?

Anne.

Wegen deiner Nichte, eifersüchtiger Alter.

Tobias.

Ist es wahr, Hannchen?

Hannchen.

Mein lieber Oheim, meine liebe Muhme
sagt euch die Wahrheit; ich liebe niemand anders, als den Peter.

Peter.

Meister Tobias, gebt eure Einwilligung zu
meiner Heyrath mit Hannchen.

Tobias.

Ich will der Anne wohl diese Freude machen,

D 4   aber

aber mit dieſer Bedingung, daß ſie mir den jetzigen Vorfall nicht vorwerfe und deswegen keinen Haß wider mich behalte.

Anne.

Du biſt wohl ſehr glücklich, daß ich die Verän= derung nicht liebe. Aber wenn du dich nicht beſſerſt, ſo ſtehe ich dir für nichts. Hörest du es?

Tobias.

Du wirſt zufrieden ſeyn. Aber Peter ſoll bey ſeiner Frau zu Hauſe bleiben, und nicht hieher kommen, als wenn ich da bin.

Peter.

Ich will euch gehorſam ſeyn, mein Oheim.

Wihelm.

Ihr ſeyd alſo nicht mehr böſe darüber, daß ihr betrogen worden ſeyd?

Anne.

Wer weiß?

Tobias.

Geh, meine liebe Hausehre, ſey deswegen nicht böſe auf mich. Betrüge mich immer auf eine ſolche Art. Wir wollen alles Vergangene vergeſſen und uns luſtig machen. Nach dem=

jeni=

jenigen, was mir wiederfahren ist, sehe ich
wohl, daß ich mich auf deine Treue und Glauben verlassen muß, weil man die Sachen nicht
glauben kann, wenn man sie so gar gesehen hat.

Arie.
Vaudeville.
Tobias.

Eifersucht, Argwohn und Verdacht,
Schreckliche Feinde, ihr sollet fliehen,
Ihr habt mich lächerlich gemacht,
Nie sollt ihr mehr mein Haus beziehen,
Eifersucht ist schon Grausamkeit.

Ich muß es sagen,
Viel lieber will ich an dem Amboß mich
plagen,
Als stets seyn, so wie heut,
Eifersucht ist schon Grausamkeit.

Anne.

Wenn ein Mann eifersüchtig ist,
Wird er mit Recht von uns hintergangen,
Denn auf den Argwohn folgt erst List,
Wer Fallen stellt, der wird gefangen,
Mistrauen stört die Zärtlichkeit.

D 5   Ich

Ich muß es ſagen,
Viel lieber will ich mich im Wittwenſtand
        plagen,
Als Frau ſeyn, ſo wie heut,
Mistrauen ſtört die Zärtlichkeit.

Peter.

Hannchen, ich weiß, du liebeſt mich,
Du biſt verſichert, daß ich dich liebe,
Aller Verdacht verlieret ſich,
Nie ſtört die Furcht die ſanften Triebe,
Tugend ſchenkt uns Zufriedenheit.
Ich muß es ſagen,
Nie wird mich der Teufel der Eiferſucht
        plagen,
Von ihm bin ich befreyt,
Tugend ſchenkt uns Zufriedenheit.

Wilhelm.

Ein gut Stück Brod, ein Gläschen Wein,
Schickt auch Zufriedenheit auf die Dörfer,
Hunger und Durſt macht groſſe Pein,
Doch quält die Liebe noch viel ſchärfer,
Wenn ihre Flamme Funken ſpeyt.
Ich muß es ſagen,

                   Viel

Viel lieber will ich an der Eſſe mich plagen,
Liebe weckt Zank und Streit,
Wenn ihre Flamme Funken ſpeyt.

Hannchen.

Als ich den erſten Tag dich ſah,
Fühlt ich die Wunde in meinem Herzen,
Schon war die Macht der Liebe da,
Und ich empfand ſchon ihre Schmerzen,
Doch ſie ſind voller Süſſigkeit.
Ich muß es ſagen,
Die Liebe begleiten die ſchrecklichſten
Plagen,
Doch man iſt auch erfreut,
Denn ſie ſind voller Süſſigkeit.

Tobias, an die Zuſchauer.

Suchen wir durch manch Handwerk oft,
Euch, liebe Herren, zu ergetzen,
So gebt den Lohn, den wir gehofft,
Laßt die Kritik uns nicht verletzen,
Beyfall erweckt Geſchicklichkeit.

Ich

Ich muß es ſagen,
Ihr ſolltet die Fehler mit Nachſicht er-
tragen,
Und denkt ſtets, ſo wie heut,
Beyfall erweckt Geſchicklichkeit.

E N D E.

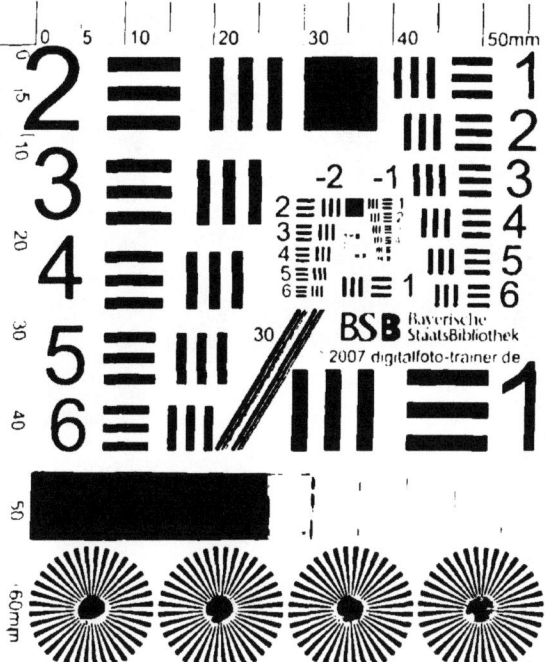